창조문학대표시인선 · 297

한강의 달그림자

이 도 상 시집

□ 시집 제 2권을 내면서

2021년 부족한 저의 제1시집 『노송의 나이테』를 출간하였으나 몇몇분의 지인들로부터 격려와 특히 산에 대한 좋은 시 산행에 많은 도움이 된다는 의견을 보내 주셨습니다.

격려 하여주신 독자님께 감사를 드립니다.

농수산부에서 정년퇴직한 보람도 있었으나 시집 『노송의 나이테』 1권을 출간한 보람 더욱 크지 않았나 생각도 하여봅니다.

산수가 넘는 나이에 또다시 제2시집 『한강의 달그림자』를 편집하여 새로운 세상으로 내보내 봅니다. 제2시집을 만들 수 있도록 밀어주시고 지도하여 주신 한여울문학 한화덕 대표님과 문우회원님께 고맙다는 말씀을 드립니다.

제2시집을 만들기 까지 힘을 실어준 사랑하는 우리 가족과 누구보다 시를 쓸 수 있도록 옆에서 격려하여 주신 사랑하는 나의 반려자 강춘자 여사님께 우찌 고맙다는 인사말을 뺄 수 있겠습니꺼!

독자 여러분 감사합니다
감사 합니다.

2023년 10월
서울 은평구 매봉산 봉산정에 올라

□ 서시

흑백사진

불지 않으면 바람이 아니고
가지 않으면 세월이 아니다

젊은이 식탁 꽃병에선 향기 풍기고
늙은이 식탁엔 약봉지 아우성을 치는구나

늙은 이몸 지나가는 바람 한점
주머니에 담지 못하는 허탈함

뜨거운 커피를 마시면서도
한기와 서러움 가슴 저려 오는구나

오늘도 어제처럼 세월은 흐르고
슬프지 않아도 고이는 눈물

난도질당한 돈가스처럼 자꾸만
허리가 얇아지고 머리가 숙여 지는구나

노을도 힘들어 늙은 산허리 베고 누었는데
무엇이 그리도 좋은지

혼자서 웃고 섰는
벽에 걸린 흑백사진

한강의 달그림자
이도상 시집

◈차례◈

제1부 시인이라는 그대

제2부 구름나그네

제3부 월송이라 불러주오

한강의 달그림자
이도상 시집

제1부 시인이라는 그대

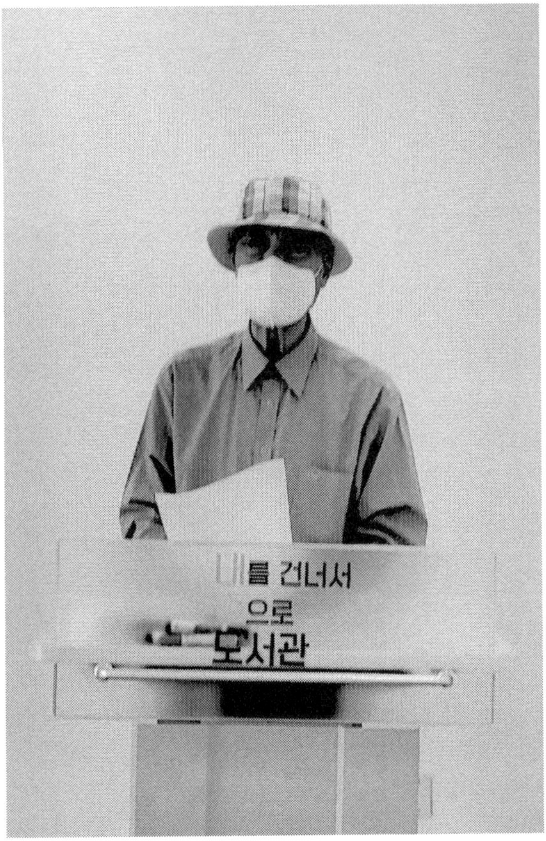

아직도 봄은

그물에 걸리지 않는 바람처럼
봄 날개 달고 미끄럼 타고 오는 봄바람

꽃은 반쯤 필 때가 제일 예쁘다는데
부드럽게 스치는 봄바람에

울긋불긋 꽃망울 고사리 새순
햇빛 한줌 움켜쥐고 옹알이를 하는구나

제비 한 마리 왔다고 봄이 온 것은 아닌데
아직도 찬바람 옷깃을 파고드는데

하늘이 눈물로 키운 야생화
달빛 이불 덮고 설핏잠 들었구나

기도

가을하늘 뭉게구름
꽃송이처럼 피어오르고

고요히 흐르는 달빛 바라보며
추억을 반추하네

하늘에 새긴 인연
비가 오면 지워 지지만

가슴에 새긴 우리의 인연
천년은 가지 않겠나

영원하지 않기에
아름다운 오늘이 있다는데

밤에도 문득문득 생각나는 친구
늙어가는 안타까움 아닐까

친구야
우리 한번만나

소줏잔에 추억을 담아 휘휘 저어 마시며
하얀 밤을 지새워 보자꾸나

보고 싶은 친구야!!
내말이 들리느냐

오늘도 건강하고 행복하고
가슴 벅찬 하루가 되시게나

운명의 길

가기 싫어도 가야 하는 길
지금 가는 이 길이
운명의 길인 줄 알면서도 뚜벅뚜벅 걸어간다

세월이 가면 사람은 다리가 먼저 늙고
나무는 뿌리가 먼저 늙는 다는데
다리가 늙고 병들어도 아니 갈 수 없구나

오늘도 쉼 없이
힘없이 터벅터벅
산천을 두루 눈으로 먹으며 걷고 또 걷는다

참 그동안 많이도 왔는데
끝은 보이질 않고 쉬어가고 싶은데

앞서가는 무심한 세월이란 놈
어서가자 독촉을 하는구나

아름다운 꽃 피고 지는 살기 좋은 세월을
사뿐히 밟고 넘어 미지의 세계로 나아간다

오늘 걷는 이 길이 돌아올 수 없는
진정 나의 운명의 길인 줄 알면서

시원한 여름 풍경

소나기 한웅큼 뿌리고 간 오후 한 때
찾아드는 동구 밖 시원한 정자나무
옆집 할아버지 벌써 코를 고시는 구나

나무 위 왕매미 처량하게 울어대고
포대기에 둘러싸인 예쁜 우리아기
쌔근쌔근 잠 들었구나

정적의 바람결에 실오라기 하나 두르지 않고
연약한 여인의 손끝에서(손놀림에)
들숨날숨 자맥질하는 실 바늘

한쪽 모퉁이 젊은이들의 장기판
훈수꾼들의 고함소리 낮잠을 깨우고

뚝방 넘어 영천강에
멱감는 아이들의 시원한 함성

불어오는 실바람에
등줄기 흐르는 땀 식혀주는

아름답고 시원한
돌고지 마을의 여름 풍경이구나

* 자맥질 : 실 뜨개질
* 돌고지 마을 : 경남 진주 금곡면 돌고지(석계) 마을 이름

나의 애마愛馬를 타고

물안개 몽골몽골 피어오르고
흰 구름 두둥실 노니는
천고天高의 화창한 가을 날

한강의 물줄기 따라
달려보는 하이킹 코스
코스모스 한들한들 콧노래 절로 나네

무색의 하늬바람
살며시 다가와
토닥토닥 내 등 밀어주네

전국의 4대강과 크고 작은 자전거길
종주한 그랜드슬램 메달 목에 걸고
신바람나게 페달을 밟아본다

사랑하는 나의 애마
두발 자전거 타고

* 그랜드슬램 메달 : 전국 자전거길 완주한 기념으로 행정안전부장관, 국토건설부장관이 공동으로 수여하는 전국자전거길 완주 기념 메달

시골 할머니
- 바람이 뺏어간다

새벽까지 내리던 비
아침부터 청晴하늘 되었구나

가지 오이 상추담은 비닐봉지
노끈으로 질끈 묶은 야채꾸러미

아들이 운전하는 경운기에
나보다 먼저 와서 앉아 있구나

시장 구석진 난장에 앉아
팔다 졸다 또 팔아도
하루 종일 야채 판 돈 5만여원

우쭐우쭐 뛰노는 손자 생각에
살며시 웃음 짓는 주름진 할머니

야채판돈 5만원
다시 한 번 살며시 세어본다

바람이 빼앗아 갈까봐 꼬깃꼬깃 고이 접어
안주머니 깊숙히 숨겨 넣는다

이 돈으로 이번 추석에는
고기나 한 근 사먹을 수 있을런지

아름다운 노을에 살며시 웃어보는 할머니
이마의 깊은 주름 따라 웃는다

야생화

사랑비 간간히 뿌리고간 오후
저녁노을 몰고가는
여유로운 기러기 한쌍

저산 아래 낡은 초가집
푸른연기 탄식처럼 피어오르네

흔적없는 바람만 넘나드는
얼기설기 돌담장 아래

땅에 바짝 엎드려
살아가는 야생화

제비 한마리 왔다고
봄이 온것은 아닌데

살며시 불어오는 미풍에도
힘에 겨워 파르르 짜증을 부리는 구나

홀로핀 아름다운 야생화
하늘이 눈물로 키웠구나

봄이 아름다운 이유

아름다운 몸매에
작고 고운 섬섬옥수의 주먹으로
그 억센 동장군 한방에 밀어내는 봄 처녀

졸지에 쫓겨난 그대(겨울아)
많은 아쉬움 남아 뒤돌아서서
꽃샘추위 펀치도 날려보지만

울긋불긋 만국기 휘 날리며
보무도 사쁜 사쁜
산과 들로 입성하는 봄

봄바람은 살랑살랑 어깨춤 추고
산과들 들썩들썩
고사리 아기 손 쏙쏙 내미네

아름답고 신비로운 봄
정녕 봄이 아름다운 이유
여기에 있었구나

만추晩秋

황혼짙은 창가에 홀로앉아
가만히 앞산 바라보며
지난날 반추하여 본다

고요한 연못 물고기들의 수영에
하늘 쳐다보고 웃음 짓는 잔잔한 물결

앞마당의 대봉 감나무
가지마다 호롱불 달아 가을 츄리만드네

뒷산의 알밤나무 저마다 익어
벌이 쏘지 않아도 톡톡 알밤 토하는 익어 가는 가을날

들판에서 불어오는 하늬바람에
코스모스 한들한들 엉덩이 흔드는구나

천고天高의 맑은 가을하늘
오곡백과 맛있게 익어가는

참 아름다운
만추晩秋의 계절이로구나

황금율동

햇빛은 쨍쨍 천고의 흰구름
유유자적 노니는 초가을의 하늘가

황금들판에서 맛있게 익어가는 오곡백과
물만 먹고 자랐을까

농민들의 입김과 사랑을 먹고 자라는
자식같은 오곡백과들이 아닌가

황금벼는 엄마닮은 130여명의 새끼들
주렁주렁 달고나와 엄마허리 휘고

자식들 충실하게 익어가길
밤낮으로 머리 숙여 기도하는
코끼리 코닮은 크나큰 벼이삭

쨍쨍 쏟아지는 뜨거운 태양
귀여운 벼이삭 고루고루 만져주네

하늬바람만 불어와도

외다리에 눈먼 허씨의 지휘아래
들판의 수많은 군무들의 황금에 일렁이는 율동

금년에도 대풍년일세
農者天下之大本 일세

새머리도 나쁘지 않다
- 새들은 말한다

머나먼 하늘길 날라서
어떻게 네비게이션도 없이
수천 Km 옛날 살던집 찾아올까

새머리도
그렇게 나쁘지는 않는가 보다

머리좋다 자부하는 인간들이여
네비게이션 없이
복잡한 도회지 길 찾아들 가겠는가

핸드폰 없이 사랑하는 자녀들
전화번호 하나 외우시는가

영어 몇마디 한다고
머리가 영리 한것은 아닐진대

머리나쁜 사람 빗대어
새머리라 부르지 않는가

벼는 익을수록
머리를 숙인다 잖아요

계절만 바뀌어도 철새들은
옛날 살던집 찾아들 오고 가고

강남갔던 제비도
자기살던 옛고향 찾아들 오고

새머리도 나쁘지 않다고
새들이 말하네

커다란 새 한마리 하늘길
끼륵 끼륵 날아오르네

정情을 베는 칼은 없다

친구와 싸우고 씩씩대며 들어온 막내
앞으로는 친구와 놀지 않겠단다

바느질 하시던 엄마의
단호한 한마디

"매듭은 칼로 끊지말고 풀어야 된다
정情을 베는 칼은 없단다"

가슴깊이 와 닿는
무학無學의 시골 어머님 말씀이

영어 섞어 강의하는 명교수보다도
더욱 참된 훈육이 아닐까

어느 교수가 "정을 베는 칼은 없다"란
명 강의를 할 수 있을까

물이 우리의 인연을 갈라놓을 수 없고
풀이 바람을 벨 수 없다는

하늘에 계신 어머님의 귀한 말씀
귓가에 맴도네

詩人이라는 그대

하얀 여백의 공터에
벽돌 한단한단 쌓아서
아름다운 건축물 세우는 건축가

바람에 휘날리고 강물에 떠내려가는
그대가 남긴 시어詩語 한마디 한마디
Pen으로 찍어올려 말리는 도시어부

독자들의 심금을 울리는
아름다운 시 한편 한편을
창작하는 아름다운 그대

훌륭한 문학의
건축가가 아닐까

정녕
시인이라는 그대는

나무를 왜 논에 심어요
- 쌀나무

뭉게구름 동가숙 서가숙
노니는 5월 중순
서울 외손자 외가에 놀러왔네

농촌에는 한창 모내기철이라
외손자 처음 보는 모내기 하도 신기하여

할아버지 지금 논에 무엇을 심는 거예요
쌀나무를 심고 있지

나무는 산에 심어야지
왜 논에다 심어요

저 쌀 나무는 "모"라고 하는건데
무논에서 잘 가꾸면 쌀이 되는 벼가 열리는거야

그 벼를 잘 말려서 정미소에서 하얗게 도정을 하면
우리가 밥을 해먹는 쌀이 되는거여

아하! 벼를 도정하면 쌀이 된다고요
그래서 모를 보지 못한 도시 아이들이
쌀을 쌀 나무에서 열린다 하는구나

망상

술있고 친구 없으면 측은한 일이고
꽃있고 술 없으면 참 고약한 일일세
소주잔에 넘치도록 망상을 타서
뜨거운 목젖을 달래보는 저녁한때

흔들리지않고 피는 꽃이 어디에 있던가
살며시 불어오는 하늬바람에
꽃망울 흔들고 내리는 꽃비
소리 없이 조용히 나풀대며 떨어지네

나뭇닢은 떨어져도
나무는 죽지 않고 그대로 웃고섰고
오늘이 지나면 희망찬 내일이 온다기에
일찍 자고 깨어보니 오늘이란놈 그대로 앉아있네

운다고 모든 일이 해결된다면
하루 종일 울겠다

오늘도 어제같이
흘러가는 세월 길게 베고 누워

망상에 젖어 흰 구름 따라
정처 없이 흘러만 가고 싶구나

가을무 뽑는 엄마

음력 10월 상강 찬서리가 내리기전
좋은 날을 택하여

뿌리가 튼실하고 크게 자란무
얼기 전에 서둘러 뽑는다

뽑은 무 옆으로 살짝 밀면서 줄기를 짤라
밭뚝에 나란히 도열을 시킨다

여름 뜨거운 햇볕 아래 물주고 벌레 잡으며
얼마나 많은 날들을 밭에서 살으셨는지

뽑은 무 바라보는
햇빛에 그을린 엄마의 주름진 얼굴

뽑은 무 손 밀차로 수십 번
밀고 끌고 당겨 움막에 저장하고

무청은 비 맞지 않게 처마 밑에
나란히 줄에 걸어 말린다

동치미 맛있게 담아
아들 딸 나눠줄 생각하며

아픈 허리 쭉 펴며
허공보고 빙그레 웃는엄마

오늘따라 웃는 우리엄마
더더욱 예뻐 보인다

진농 사칠회

멀구슬 이파리로 만든 모포를
쌍백선으로 감싸안고
맘보바지에 워카끈 길게풀고
학교에 다니던 진농 사칠회

진주남강 칠암벌 백사장 누비며
촉석루와 의암바위 배경삼아
기념사진 남기고
일구육일 헤어진 보고싶은 동창들

학창시절 허송세월
후회한들 무엇하리
산수傘壽를 넘긴 정다운 동창
생활터전 서로 달라 만나기가 쉽지않구나

먼 길 여행 떠난 친구들도 많겠지
보고픈 그 옛날 진농 사칠회 동창들

우리 늦기 전에 촉석루 난간에 돗자리 깔고
덤성덤성 흰머리 마주보고

추억을 소줏잔에 휘휘저어 주거니 잣거니
하얀 달빛 벗 삼아 하얀 밤을 지새워 보자꾸나

보고픈 동창들아
나의 외침 들리느냐!!

* 진농 사칠회 : 경남 진주농고 제47회 동창
  일구육일 : 1961년도 졸업생

가을바람 불어올제

황금바람 불어올제
오곡백과 익어가는
맛있는 냄새 풍겨오네

갈바람 불어올제
정원의 울긋불긋 단풍닢
매서운 찬바람에 하염없이 떨고섰네

가을바람 불어올제
가을전어 굽는 사랑의 냄새
집나간 며느리 살포시 들어오네

붉은 바람 불어올제
우리의 사랑도
빨간 사과처럼 맛있게 익어가겠지

아! 사랑의 바람이 부는구나
붉은 사랑의 바람이
대지위로 흐르는구나

아름다운 불꽃

인고의 질곡에서
숨죽이며 불꽃안고 달려와
산과들에 울긋불긋 防火를 하고
토막숨 내리쉬며 도주하는 그대(봄)

나보기 역겨워 가시는 아름다운 봄(님이여)
싸움에 패한 건달처럼 살며시 그냥가시고
내년봄 아름다운 불꽃안고
살며시 다시 찾아 오시라요

산천에 불 지펴놓고 여름이 무서워
치맛바람 휘날리고 쫓겨가는 저 봄처녀
뒷모습 처량하기 그지없구나

오늘도 울긋불긋 불꽃은
아름다운 금수강산에
훨훨 타오르고 있는데

맛있게 익어가는 가을

맛있게 익어가는 가을

가을하늘 뭉게구름
꽃송이처럼 피어오르고

붉은 망사 옷 화려한 날개 고추잠자리
코스모스 한들한들 흔들어보는 하늬바람

아름다운 낙엽안고 뛰어내리는
용추계곡 폭포소리 울려퍼지는 가을 한낮

길가에 쌓인 낙엽
시원한 바람 안고 뒹굴고 놀고있네

하늘엔 붉은 노을 한가롭게 노닐고
들판엔 황금물결 맛있게 춤사위하네

감나무 가지마다 등불 매달고
들판의 황금벼 익을수록 머리 숙이는 겸손

몸에 걸쳤던 속세의 모든것 내려놓으며
참선에 들어가는 가을

참 맛있게 익어가는
아름다운 가을

파도소리 1

바닷가 외딴집 놀러온 서울의 외손주
혼자 바닷가 뛰놀다 심심한가 보다
할아버지 컴퓨터 어느방에 있어요

그게 뭔데
학교 앞 문방구에 가서 하나 사다줄까

바닷가 밤하늘엔 별들도 많다
할아버지 옛날이야기 하나 해 주세요

잠 자지 말고 이야기 잘 들어
바닷가 백사장에는 파도가 철석이고

갈매기는 배가고파 끼룩끼룩 울어대고
파도는 철석철석 선창만 두드리네

가방끈 짧은 할아버지
계속 파도 소리만 독백을 하시고

갈매기소리만 하시고 계시는데

손주 녀석 어느새 잠이 들었네

파도는 철석이며 하얀밤 새우고
갈매기도 끼룩끼룩 울면서
하얀밤 지새우네

갈매기소리 2

외손주 청년 되어 외가에 다시 오니
할아버진 안 계셔도
바닷가 파도는 오늘도 철석이고
갈매기는 끼룩끼룩 울고있구나

돌아가신 외할아버지
바닷가 양지바른 언덕에서
내려다보고 계시겠지
길쭉한 할아버지 이야기 언제쯤 끝이 날런지

오늘도
파도는 철석철석
갈매기는 끼룩끼룩
하염없이 울어 예는구나

할아버지 긴 이야기는
오늘도 계속 ing 진행형이다

막걸리

- 농주

생활형편이 어려울 땐 어른들은
막걸리 한잔으로 끼니도 때우시고

아이들은 술 찌게미에 사카린을
버무려 먹으며 끼니를 때우곤 했지

민들레는 장미를 부러워 하지않는다잖아
농부는 농사일이 아무리 힘들지만

농사일을 천직으로 아는 농부들
논뚝에 둘러앉아

시원한 막걸리 한잔으로
고된 하루 잊는다

오늘도 농주 한잔에
두 팔에 힘이 솟는구나

민들레는

장미를 부러워하지 않는다잖아

농부들의 천직은
農者天下之大本

우리사랑 녹슬지 않게

비구름 사이로 희멀건 낮달이 내려다보는
서울 남산의 공원 길목에
길게 목을 안고 누워있는 우리의 사랑

변하지 말자
손가락 걸며
약속한 사랑의 자물쇠

비가 오면 녹이 슬지 않을까
녹이 슬면 우리의 사랑 변하지 않을까
비만 오면 걱정이 태산같구나

우리사랑 녹슬기 전에
비닐을 씌워줄까
아름다운 웨딩드레스를 그냥 입혀줄까

사랑의 자물쇠 위로
오늘도 촉촉한 보슬비
하염없이 내리네

우리사랑 녹슬지 않게

허수아비와 솟대

하늘은 맑고 말이 살찌는
풍성한 천고마비 지절이 왔구나

황금들판에서 두 팔 벌려 춤추던
외발의 눈먼 허수아비

쌀이 부족하던 그 옛날
하루 종일 뜨거운 햇빛아래 새 몰이도 하였는데

그많던 참새들 다 어디로 가고
오늘은 두세 마리 날아와
허수아비 어깨위에 앉아 놀다가 가는구나

저 멀리 동구 밖 솟대위에
앉은 외눈박이 새
말없이 웃으며 손짓하네

설자리 없어지는 황금들판의 밀 집 모자 눌러쓴
외롭고 배고픈 외다리 허수아비
내일은 너와 나 둘 뿐이겠구나

내년 가을에도 황금 들판에서
또다시 만날 수 있을런지

내일은 내 어깨위에 머물러
마을 이야기나 들려주려무나

바윗꽃 소나무

엄마아빠는 왜 아무 친척도 없고
흙 한 톨 물 한 방울 없는
바윗집으로 시집을 보냈을까
울기도 많이 울었고
부모님 원망도 참 많이도 했었다

소나기라도 오는 날에는 물 한방울
바람부눈 날에는 날아가는
흙 한 톨이라도 잡기위해
여위고 짧은 손발 뻗어보지만
높은 바윗집에 모이는 것 별로 없구나

매서운 눈보라는 뿌리 채 흔들고
세찬 태풍 올 땐 어디 한곳 손잡을 데도 없고
누구하나 붙잡고 하소연 할 곳 없는
외롭고 서러운 바윗꽃 소나무

여기서 평생을 바윗꽃으로
이렇게 살아가야 하는 것이
나의 사주팔자가 이러할 진대

사는 것 별거 있다더냐
순풍에 비라도 오는 날에는
한들한들 춤도 추며 이대로 살아가자꾸나

이렇게 살아가야하는 것이
나의 진정 운명이라면

폐지 줍는 할머니

허리가 아파도
팔다리가 아파도
쉬지도 눕지도 못한다

몸아프다 조금 늦게 나가면
동작 빠른 아랫집 할머니
내구역의 폐지까지 싹 쓸어가 버린다

팔다리 아프다고
오늘 줍지 못하면
내일은 밥을 굶어야하는 고달픈 인생

오늘도 아픈 다리 앞세워
여기저기 바람소리에 흩어져 뒹구는
폐지 잽싸게 주워 모은다

폐지 실은 리어카 바퀴소리
허리 굽은 할머니 허리춤 뒤로
털털털 궁시렁거리며 따라서 오네

그리운 그 시절

생을 위한 지루하고
어려웠던 지난날들
생각하면 무엇하나

즐거웠던 삶이
언제쯤 있었는지
생각이 나지도 않는구나

지금 와서 내 나이 세어본들 무엇하나
산수가 벌써 지나 갔는데

쇼파에 기대어 살며시 눈감으면
가슴으로 생각나는 친구도 있다

떨리는 손으로 옛앨범 펼쳐본다
몇 년 전 돌아가신 서초구 살던 친구
지금도 사진 속에 웃으며 서있고

풍으로 쓸어져 누워있는 강북구 저 친구
옛날 손주 운동회 때 손주 손잡고 달리더니

아직도 웃으며 달리고 있구나

즐거웠던 그리운 그 시절
이마에 깊은 주름이고
혼자 가만히 웃어본다

아름다운 저녁노을

하루 종일 쉬지 않고
힘들게 달려온 저 붉은 태양

이제는 늙은 산허리 베고 누워
청춘가를 부르는구나

저 건너 낡은 초가 검은 굴뚝에
흰머리 몽기몽기 피어오르고

들일 나갔던 농부님들
리어카 끌고 밀고 하나 둘 자기 집 찾아들 때

붉게 물든 아름다운 저녁노을
울면서 밀고 가는 기러기 한쌍

여명을 열고

- 따라오는 건강

불광천 아침안개
몽기몽기 피어오르고
밝아오는 여명을 헤치고 아침운동 나간다

유유자적 노니는 몸통 긴 잉어들
할 일 없이 같은 길 왔다 갔다 맴돌고
오리와 가마우찌 깜짝 놀라 도망을 치는구나

집에서 한강까지 5Km
오늘도 한강물 눈으로 마시고
왕복 10여Km 건강은 공짜로 가져오고

천변의 이름 없는 아름다운 저 꽃
새벽에 내리는 찬이슬로 목축이며
아직까지 설핏잠 자고 있구나

버릴 수 없는 꽃향기
한 아름 안고 가던 길 돌아오니
건강이 촐랑촐랑 뒤 따라 오는구나

제2부 구름 나그네

구름 나그네

하늘에는 흰 구름 두둥실
시원한 바람 꽃봉우리 흔들고 노니는데
오늘도 정처 없이 한강 뚝 거닌다

고요히 흐르는 강물들의 속삭임 속에
기댈 곳 없는 허전한 마음 달래려고
가는 노을 붙잡고 가드레일에 엉덩이 올려본다

꽃은 피어도 소리가 없고
사랑은 불타도 연기가 없고

산이 높다고 다 명산이 아니고
퇴직한다고 다 좋은 것은 아니네 그려

퇴직하면 행복할 줄 알았는데
한강의 뚝방길 몇 바퀴를 돌아도 갈곳이 없구나

앞 만보고 걷고 또 걸어도
세월이란 놈 빨리가자 독촉을 하는구나

오늘도 갈 곳 없어 정처 없이 헤매는
외롭고 쓸쓸한 구름 나그네

봉산정 개미

아름다운 봉산정에
흰 구름 두둥실
시원한 바람 불어오는 여름 한 낮

높은 산봉우리 능선에 누워
숨차게 오르면 시원한 산바람
내 등 살며시 밀어도 주네

오르는 중간중간
운동기구들이
가는 발걸음 붙잡는구나

봉산정 정상
나뭇닢에 노니는 저 개미들
어떻게 여기까지 올라왔을까

얼마나 힘들었는지
허리에 군살하나 없구나

날씬한 몸매 자랑하며

즐겁게 노니는 봉산정 개미

저렇게 노닐다가
자기들 집은 찾아갈 수 있으려나

아! 옛날이여

그래도 옛날엔
형제자매 동고동락
웃으며 살았는데

살기위해 헤어진 형제들
세월이 가면 갈수록
만나는 횟수가 자꾸만 멀어지고

화무십일홍花無十日紅
자랑하던 새빨간 장미도
가는세월 이기지 못해 시들어 가는구나

나 역시 옛날엔
보란 듯이 살았는데
세월 앞엔 장사가 없나보다

서산으로 넘어가는
아름다운 저 노을 부여잡고
동행하고 싶구나

오늘도 세월이기는
시간 없다 어서가자
독촉을 하는구나

아! 옛날이여
즐거웠던 그 시절이 그립다

강가에 노을이 지네

의사 선생님은
그동안 고생 하셨으니
조금 쉬면서 안정을 취하란다

수술은 잘 되었으니
걱정 말고 편히 쉬란다

쉬기만 하면 어떻하나
치료비와 생활비는 그 누가 그냥 주냐

지금 예금통장에서
돈 빠져 나가는 소리가
폭포수를 이루는데

건강을 위해서는 쉬어야 하지만
아파도 마음놓고 쉴 수 없는
한 많은 고달픈 인생

완치도 안 된 이 몸
일 하기도 힘들고

그렇다고 쉬지도 못하고

난감하네
참으로 난감하네

강가엔 벌써
노을이 지는구나

코로나 산행 1

날씨도 해맑은
초가을 어느 일요일

유행성 코로나19로
한동안 만나지도 못했다며

오늘은 배낭만 달랑 메고
근교의 가까운 산으로 등산을 가잔다

확진자가 벌써 십만명이 넘는
무서운 유행성 전염병이다

마스크는 필순데
구하기가 하늘에 별 따기요

아무리 친구라도
서로 가까이 가지도 말고

악수도 하지 말고
주먹치기를 하란다

이놈의 코로나 언제나 갈련지
언제쯤 마음 놓고 만날 수 있을련지

벌써 2022년 3월이 가고 있구나

코로나 산행 2

시원한 가을바람 불어오고
산행하기 참 좋은 날씨일세

산행은 어떻게 하나
그것이 문제로다

마스크를 쓰고 산에 오르나
마스크 벗고 산에 오르나

쓰고 오르다 숨차면
살짝 벗어도 되겠지

코로나19도 모르게
조금만 살짝

설마 코라나19가
산에까지 따라 올려고

높은 산까지 따라만 온다면
다시는 내려오지 못하게

깊은 계곡 큰 소나무에
꽁꽁 묶어두고 내려 와야지

우리 다시 만나보세

인고의 질곡에서
피어난 아름다운 저 꽃들

꽃향기 휘날리고
고운자태 뽐내며
하늘하늘 춤추건만

유행성 코로나19로
마음 놓고 밖에 나가
너희들을 만날 수 없구나

창문열고
저 멀리서 웃고 섰는
아름다운 꽃들을 향해

두팔 크게 벌려 흔들며
반갑다
수화手話로 화답하네

아름다운 꽃들인데

참 향기로운 꽃들인데

코로나19 몰아내고
꽃피고 새 우는 내년 봄에 우리 만나세!

우리 모두 웃으며
다시 한 번 만나보세!!

팥배나무

바람길 따라 오르니 팥배나무
오늘은 네가 나를 반기는구나
며칠사이 못 보았더니 그새 많이도 자랐구나

수피는 회갈색
잎은 타원형으로
서로 어긋나게 자라고

꽃은 흰색으로 5~6월에 개화하더니
열매는 9~10월경
황적색으로 아름답게 익어간다

열매는 시큼한 맛
새들이 즐겨먹고
수목의 크기는 15m이상도 자라네

아시아에 분포되어
서울에는 은평구 봉산에
집성촌을 이루고 살고 있구나

참 귀한 수종인데
서울에선 더욱 귀한 수목으로
큰 집성촌을 이루고 살았으면 좋겠네 그려

꽃이 아름답고
열매는 더욱 아름다운 팥배나무
오늘따라 너의 얼굴을 보니
서울 은평구 봉산의 자랑 이라네

운길산 높다하나

어서 오라 손짓하며 웃고 섰는 운길산
등산객 배낭메고 너도나도 오르는데
산행은 하지 않고 나이 탓만 하는구나

운길산 높다하나 정상 향해 한발한발
오르고 또 오르면 못오를리 없건만
산행은 하지 않고 산 높음만 원망하네

산새가 지저귀는 사시사철 푸르른 산
소나기 쏟아지면 비 맞는 등산객들
천수경도 모르면서 천년고찰 수종사 찾는구나

구름도 쉬어가는 아름다운 운길산
정상에서 굽어보니 남한강과 북한강
양수리 두 물 머리 얼싸안고 한강으로 입수하네

* 운길산 : 경기도 남양주시 소재 610.2m의 아름다운 산

빈 의자 1

여기 시원한
바람 한 점 놓여있네

목마른 길손에게
물 한잔 주는 것도 참 좋은 봉사지만

시원한 나무그늘 아래
힘들게 지나가는 길손들의

등도 받혀주고
엉덩이도 받혀주며

잠시 앉았다 가시라며
말없이 따뜻한 가슴 내어주는

빈 의자
오늘따라 당신이 고맙습니다

빈 의자 2

1.
나도 왕년에 소나무 중에서도
크나큰 낙낙장송 이었다네

어느날 갑자기 날선 전기톱으로
사정없이 허리가 두 동강이 나고

비바람에도 굳세게 견뎌온 지난세월
흐르는 눈물 맑은 계곡물에 흡수되어 흐르고

짤린 몸통 반으로 또 반으로 짤리고 짤려
대패로 날씬한 체형미 만들어

형제끼리 얼기설기 손잡고
도망가지 못하게 탕탕탕 못질까지 하는구나

페인트로 화장하고 시원한 나무그늘아래
오가는 길손 편히 쉬었다 가시라
봉사하는 나무의자로 탄생하여 앉았구나

2.

지난밤에는 새들이 빈 의자에 모여앉아
살아온 지난 이야기로 재잘거리며 놀다가고

색동 옷 입은 아름다운 낙엽들도
삼삼오오 짝을 지어 바스락 바스락 웃음 짖다가

가을바람 불어올제
굴러굴러 길섶에 가로세로 드러눕네

힘들게 걸어가시는 저 어르신
엉덩이 한번 붙였다 쉬어나 가셔요

눈 내리는 쓸쓸한 겨울에는
내가 자란 고향 앞산 하염없이 바라만 보네

울 엄마

나 어릴적 울 엄마는
생선의 살코기는 못 먹는 줄 알았다

울 엄마는
새 옷도 못 입는 줄 알았다

울 엄마는
과일이나 과자도 못 먹는 줄 알았다

나도 이제 자식 낳아 키워보니
그것이 자식 사랑인줄 이제야 알았네요

엄마!
많이 많이 미안하고 또 미안합니다

하늘에 계신
후덕하시고 인자하신 울 엄마

오늘따라 울고 싶도록 보고싶다
엄마 사랑합니다

아침 연속극

오늘 또 싸움박질을 하겠지
아침 연속극 내용이 자꾸만 궁금하다

연속극에 정신팔려 냄비 태운 여인
TV채널로 싸움한 부부가 그 얼마인가

친구만나 연속극 모르면 7급 장애인 취급
정녕 아침 연속극은 마약인가 보다

아니본다 다짐을 하면서도
시간만 되면 손가락은 채널을 돌린다

오늘도 가족들보다
재빨리 리모콘을 챙기며

쇼파에 먼저 와서 앉아있다
드라마 작가는 아니되어도

사람사는 사람 냄새나는 이야기
세상 밖에서 나는 문을 연다

호박 같은 세상

나 어릴적
시골 부락에서 무슨일이 있으면
서로 생각이 다르다며
앞뒤 가리지 않고 사람들이 이유없이 싸웠다

뒷산 시원한 정자에
가만히 홀로 누워
지난날 생각하여 본다

꼬투리만 있으면 침까지 튀기며
왜 그렇게 싸웠을까
고등학교도 못나온 자격 지심이 아니었을까

그냥 지나가도 되는것을
그냥 눈 감아도 되는것을
빙그레 웃음이 나온다

같은 동네에서 서로 얼굴 보지않고
살아갈 수는 없잖은가
주막으로 불러내어 사과를 해야지

앞으로는 내가 먼저 양보하고
탁주라도 한잔 하면서
즐겁게 살아 가야하지 않겠나

인생 사는것 별거 있드냐
호박 같은 둥근 세상
둥글둥글 살아 가자구나

그 말이 정답이네

꽃피고 새 우는 따뜻한 봄길
종달새 울부짖는 한강 뚝 도에 길게 누워

흐르는 흰구름 하염없이 바라보며
나홀로 씁슬한 하소연 하여본다

천리타향 객지에서 형제 같은 친구만나
심심할땐 막걸리도 한잔하며

서로 기대어 살고는 지내지만
고향의 옛친구와는 정겨움이 다르네 글쎄

고향에서 뛰놀던 옛 친구들
오늘따라 더더욱 보고싶구나

돈주고 보석은 살 수 있지만
진정한 친구는 살 수 없다는

그 말이 정답이네

강아지 풀

산그늘 하루에 한번씩
뒹굴고 놀다가는
동네모퉁이 쓸쓸한 언덕배기

날씨가 무더워 오가는이 없고
오늘도 반겨주는 님 오시질 않네

바늘대 같은 가냘픈 허리 부여잡고
개꼬리 만큼 큼직한 씨앗뭉치 매달고
힘차게 꽃대세운 강아지 풀들

육신은 사위어 가면서도
솔바람에 흔들흔들 춤사위
가슴은 아직도 청춘이구나

살랑살랑 불어오는 솔바람
너무나 반가워 꽁지빠지게
큰꼬리 흔들며 노닐고 있구나

오늘도 솔바람 한아름 안고

하염없이 큰 꼬리 흔드는
외로운 강아지 풀

황산벌의 군화소리

언제쯤 조용한
아침을 맞이할까

오늘도 여명을 깨우는
우렁찬 군가소리

황산벌 계백장군 군화소리
하늘을 가르고

서라벌 화랑관창
젊은이들의 전투 훈련장

오늘도 조용한 창공을 난도질하며
지축을 울리는 황산벌 군화소리

새벽별 깨우며 절규하는
젊은이들의 함성

언제쯤 조용한 아침을 맞이할까
활기찬 논산 육군훈련소

오늘도 저벅저벅 지축을 울리는
황산벌 군화소리

허공虛空

– 세상 이야기

꽃을 병에 꽂으면 꽃병이 되고
물을 젖소가 먹으면 우유가 되고
뱀이 그 물을 먹으면 독이 된다고

노인 석에 앉아있는 초라한 늙은이
사랑도 모르는 늙은이로 보지마라
지난날 회전의자에 앉아 호령도 해봤다

토막 숨 몰아쉬고 달려온 인생
아지랑이 몽기몽기 피어오르는
늙은 앞산 허리춤에 엉덩이 기대어

오늘도 이마에 깊은 주름 매달고
지난날을 회상하며

눈 내리는 백설기 같은 희뿌연한 허공을
실눈 뜨고 하염없이 바라본다

생의 무상

초승달 처량하게 졸고있는 새벽
앵봉산 둘렛길 산행을 한다

풀숲에서 졸고 있던 커다란 장끼 한마리
푸드득 날개짓에 깜짝 놀란 팥배나무
겁에 질려 푸른닢 파르르 떨고섰네

아침이슬 머금은 커다란 거미줄에
날개 걸려 허우적대는 저 잠자리

짧은 생애 한탄하며
바람 줄에 발버둥을 치는구나

불쌍한 잠자리
사는 것이 무엇인지

생의 무상함이여

금계국 바람에 피어나고
- 부모님 산소

녹음방초 2022년 6월
코로나19로 2년만에
형제자매 한자리에 모여
고향의 부모님 산소 참배를 드린다

둘레둘레 사방을 둘러보니
아름다운 금계국과
이름 모르는 아름다운 야생화
살랑살랑 실바람에 웃음 토하네

슬프지 않아도 고여오는 눈물
부모님의 그리움 아닐런지
버릴 수 없는 아름다운 꽃향기
한가방 줏어담아

다음을 기약하며
뒤돌아 다시 한 번 인사드리고
무거운 발길 돌린다

다시 찾아 오겠습니다
아버지 어머님 평안히 계십시요
많이많이 사랑 합니다

어머님 품속

석양이 아름다운 오후 뒷산에 올라
벤치에 누어 가만히 눈을 감고
고향을 바라보며 머리를 뉘어본다

초가집을 둘러싼 푸른 대나무 숲
허리숙여 바라보는 앞산의 노송
생각만 하여도 그리운 고향마을

허기신 낮날은 나뭇가지에
목을 맨 연처럼 걸려있고

새들도 집을찾는
해가 질 때면

희뿌연 연기
높다란 굴뚝으로 쫓겨나

사방으로 흩으지는
한폭의 수채화를 그리고

어머님 품속 같은 아름다운
포근한 나의고향

아! 그리운 고향

꼬부랑 우리할머니

깊은 주름 이마에 새기시고
꼬부랑한 논뚝 길을 걸어오시네

꼬부랑 우리 할머니
허리가 얼마나 아프실까

허리가 꼬부랑한 우리 할매
야채 뜯은 검은 비닐봉지

등 굽은 허리춤에 불끈 묶고
내가 만든 꼬부랑한 지팡이 짚고 오시네

할머니 허리에 묶인 비닐봉지 걸을때마다
오른쪽 등에서 왼쪽등으로 시이소를 타는구나

언제 따라 나왔는지
포동포동 예쁜 우리독구(강아지)

황금들판 논뚝길을
할머니 뒤를 쫄랑쫄랑 따라서 오네

붉은 태양 먹구름 이불 사이로
빙그레 웃으며 서산으로 넘어가네

인생길

젊음도 아름답지만
흰머리에 살짝 주름은 어떠하냐

인생길과 여행길 아무리 즐거워도
나이는 어쩔 수 없다하지 않느냐

이제부터 욕심을 비우고 가볍게 살아야
빈 가슴에 즐거움을 많이 채울 수 있지 않을까

지금 와서 내 나이
세어본들 무엇하리

이제부터 마음을 비우고 나이로 살지말고
생각으로 살아가면 어떨까

하고 싶은 일 하면서
가고 싶은 곳 찾아가고

먹고 싶은 것 먹으면서
신바람 나게 살아보자꾸나

보다 즐겁고 신나는
인생길을 위하여

하늘길 열렸구나

기다리고 기다리던 하늘길이
이제야 열렸구나
하늘길 막아선
얄미운 코로나 19

여리고 예쁜 우리 클로이
업은건지 안은건지 걷는건지 뛰는건지
정신차려 둘레둘레 둘러보니
아직도 호주의 시드니 공항이구나

빠르다는 비행기
오늘따라 느리기만 하는구나

저녁에 출발하여
하늘길 8,324Km를 날라
새벽녘에 서울공항 도착하네

비행기 내리는 사람들
왜 이렇게 꾸물대는지

그렇게 오고 싶었던 내 고향 대한민국
보고 싶은 부모형제

출국장 마중 나오신
그리운 부모형제

그리움과 반가움에
눈물이 앞을 가리네

즐거운 여행

여행이 즐거울려면
가방도 가벼워야 좋지만
일행도 마음이 맞아야 여행도 즐겁다

여행길에 나이 먹고 몸 불편하다며
물쏘가리 바윗틈 기웃거리듯
앉을 자리만 찾으면 되겠느냐

외국 여행버스 타고 내릴 때마나
"아이고 허리야, 아이고 다리야"를 연발하니
외국버스기사 고맙다는 인사로 착각
웃음띈 얼굴로 "땡큐"로 화답하네

여행에서 본 아름다운 기억은 별로없고
새벽같이 일어나 여권 챙기고
앞사람 엉덩이만 쫓아 다닌 기억 뿐이구나

여행길이 아무리 힘들고
고생의 길이라도
그래도 즐겁고 좋지 않느냐

즐거운 여행 다녀와서는
앞으로는 여행 절대 아니간다
큰 소리 치면서도

동네 아줌마들 여행계 모집하면
제일먼저 바람같이 달려와
신청을 하는구나

산 속에 흐르는 물도

- 좋은 이웃

여행이 즐거울려면
짐도 적어야 좋지만
일행도 마음이 맞아야 좋다

깊은 산속에서 흐르는 물도
높은 석벽이 있어야
웅장한 폭포수를 만들 수 있고

하루 종일 햇빛을 던져주는 태양도
좋은 구름을 만나야
붉고 아름다운 저녁 노을을 만들 수 있듯이

우리도 보다 아름다운 삶을 살려면
좋은 이웃을 만나야 서로 믿고 의지하며
마음 편히 살 수 있지 않을까

오늘부터 내가먼저
참 좋은 이웃이 되어야겠구나

호수에 빠진 하현달

새벽녘 졸다
玉泉寺앞 호수에 빠진 하현달

발버둥 쳐 보지만
고요하던 호수 물결만 높아지네

전지 전능하신 부처님이시여!
"달님좀 구해주세요"

부처님의 고요하고 애잔한 염불소리에
깜짝놀란 하현달

불어오는 바람에 밀려 호수가를 기어나와
추위에 벌벌떨며

여명이 밝아오기 전에
지나가는 흰구름 끌어와 얼굴가리며

허기진 등 굽은 배 부여안고
서산으로 줄달음을 치는구나

* 옥천사 : 경남 고성에 있는 사찰

돌아오지 않는 물

오늘도 하염없이
유리창 때리며 흐르는 빗줄기

개천으로 흘러흘러 일도창해一到滄海하면
다시는 돌아오지 못하는데

흐르다 바위가 있으면 바위허리 감아돌고
모래밭이 있으면 여유도 부려보고

마른땅은 적셔주고
강가의 낙엽과 오물

가는 길에 더불어 한아름 안고
유유히 서해로 흘러만 가는구나

한번 흘러 가버린 개울물
다시는 너를 만날 수 없구나

아름다운 너 만나기 위하여는
갈매기 춤추는 넓을 바다가 되어

너 내려오기를
하염없이 기다릴 수 밖에

돌아올 수 없는 다리

침울한 하늘에 비실은 먹구름 흐르고
살며시 불어오는 하늬바람에

나이먹어 하얗게 변한 진달래 꽃
좌우로 몸 비틀며 살짝 짜증을 부리네

오늘도 어제처럼 세월은 흐르는데
늙어가는 이 길이 처음 가는 길이기에

때리지 않아도 고여 오는 눈물
마음으로 삭이는 탄식이겠지

허기진 낮달 나뭇가지에 걸려
몸부림을 치는구나

늙어가는 인생길
차라리 나뭇가지에라도
걸렸으면 쉬어나 가련만

아름다운 꽃들은 해마다 피고지고

먹구름 사이로 비춰지는 석양
저렇게 아름다운데

다시는 돌아올 수 없는
하루라는 이다리를
또다시 건너 가는구나

제 3부 월송이라 불러주오

한강의 발원지

하늘물길 태백의 능선따라 흐르고
계곡의 석회암 빗물에 흘러

암반위를 용이 기어가듯 흐르는 금룡소
한강의 발원지 되었구나

숲길 오솔길 따라 야생화 피고지고
강원 정선의 아우라지 한바퀴 돌아

정선 아리랑 흥겨운 가락에
덩실덩실 춤추며 흘러 흘러

경기도 남양주 두물머리
남한강과 북한강 한데 어울려

푸른물 넘실대는 서울시민의 젖줄
한강물 되었구나

30여개의 크고 작은 한강다리

도도히 통과하며 흐르는 한강물

서울 시민의 생명줄
기적의 푸른 한강

오늘도 출렁출렁 넘실대며
넓고넓은 서해바다 입수하네

강원도 태백의 작은 옹달샘 금룡소
물이끼 푸르게 자라 물안개 자욱이 피어오르고

낙동강 천삼백리 발원지

- 황지연못

강원도 태백시 조그만한 황지연못
작은 소沼에서
하루 5,000톤의 물이 쏟아지다니

넘치는 개울물 졸졸졸 소근소근
낙동강 천삼백리 발원지라네
작은 개울물 흘러 모여 낙동강 이루고

천삼백리를 굽이쳐 흘러
부산 앞바다 이어져
태평양으로 입수를 하네

해수탕에 목욕재개하고
철석철석 파도 되어 선창을 두드리며
고향 떠난 힘든 여정 울음으로 토해보네

창공의 갈매기도
슬픈 사연 아는지
끼룩끼룩 울음으로 화답하고

천삼백리의 기나긴 낙동강의 발원지
강원도 태백의 조그만한 황지연못!
오늘도 졸졸졸 개울물 쉼 없이 넘쳐흐르고

달을 품은 月松

- 月松이라 불러주오

비가오나 눈이오나
조상님의 선산도 지켜주며
청순하고 온화한 성품으로
짙은 솔향기 풍기는 그대

척박한 땅에서도 낙낙장송으로
山川을 굽어보는 노송
오늘은 밝은 달 품에 안고 한가로이 노니네

한 폭의 수채화 같은
달품은 늘 푸른 소나무 月松
아름답기 그지없네

산수傘壽 지난 인생 후반기에
너를 만난 것이
나의 운명이기에

이제부터
그대는 나의 동반자

나를 月松이라 불러주오

남은 한평생을
그대와 함께 어우렁 더우렁
즐겁게 살아가고 싶구나

오늘도 천년의 푸른청송
영원불변의 밝은 달 가슴에 안고
불어오는 바람결에 청춘가를 부르는구나

달품은 月松
영원 영원 영 원하리라!!

어제가 오늘 같다

불지 않으면 바람이 아니고
늙지 않으면 사람이 아니다

허리 굽어 쓸모없는 저 소나무
향기 풍기며 선산지키며 섰구나

사랑은 혼자 할 수 없다며
긴 목 빼고 고운님 기다리는 금계국

높다고 다 명산은 아니요
나이 많다고 다 어른은 아니로다

살아보니 산다는 것
별거 아니드라

둥글둥글 살다보니
언제 여기까지 굴러서 왔는지

어제가 오늘 같고
오늘이 어제 같구나

가랑닢 솔잎더러

솔바람 불어오고
산비둘기 울부짖는
달 밝은 가을밤

가랑닢 솔잎더러
웅웅대며 시끄럽다
바스락 바스락 잔소리를 하는구나

이웃의 키큰 상수리나무
솔닢보다 바스락 거리는
상수리 너가 더욱 시끄럽구나

자기 잘못 모르고
남 탓 만하는 상수리나무
너도 누굴 닮아 가는구나

달 밝은 깊은 산속
나뭇닢들의 이야기 소리에

풀숲에서 잠자던 검은 토끼
흰밤 새우네

하얀 지진이 일어나네

청하늘에 흰 구름
유유자적 노닐고

가을바람 살랑살랑
동쪽바람 불어오는 초가을 한낮

백발의 하얀 갈대와 억새
서산보고 허리 숙여 인사하네

생활터전 비슷하여
도토리 키 재기로

어우렁 더우렁
춤추며 정답게 살았구나

사계절 아름다운 꽃들도
피고지는 서울의 하늘공원

불어오는 가을바람
공원 전체가 은물결로 출렁이고

하얀 갈대밭 전체가
군무를 하는구나

파도물결 땅으로 가로누어
하얀 지진이 일어나네

세월

시간은 어제처럼
변함없이 흘러가는데
성질 급한 내일은
아무도 모르게 밤중에 찾아와
현관문 두드리는구나

흘러 보낸 지난날의 허송세월
가슴깊이 반성하고
지난날 반추하며
오늘도 뛰어본다

봄이 되면
아름다운 꽃은 피고지고
옹심이 같은 예쁜 열매 맺혀
조금씩 익어 가는 것이
세월이 아니드냐

인생 사는 것 별거 아니더라
어제를 무사히 넘기고
밝은 내일을 기대하며

열심히 뛰다보면

묵은 것 밀어내고
또다시 쨍하고 해가 뜨는
새로운 하루가 반복 되더라

세월
지나보니 별거 아니더라
시간이고 세월이더라

탐나는 제주

바람 많고 여자 많은 외로운 섬
너의 외로움 달래 주려고
오늘도 하늘길과 바닷길로
찾아들 오는구나

여인의 모습으로 태어나
부끄러움 많은 한라산
세상보기 부끄러워 하루에도 열두번
구름과 안개비 끌어다 얼굴 가리네

육지에서 오는 비는
하늘에서 내리고

바람 많은 제주에서 오는 비는
바다뱃길 옆으로 온다지오

길섶의 이름 없는 잡초는
목마를 겨를이 없고
고사리등 봄나물 쏟아져 나오고
차조로 만든 오메기떡은 제주의 또다른 명물이네

바람 많고 돌많고 여자 많은 삼다도 제주
그누가 말했던가 탐나는 제주라고

오늘도 하늘 길과 바닷길 헤치며
꾸역꾸역 찾아들 오는구나

아름답고 탐나는
제주도로

나는 이렇게 살고싶소

나는 바람이고 싶다
걸림 없이 사방으로
떠돌아다니는
바람으로

나는 구름이고 싶다
넓은 하늘나라에서
유유자적 자유롭게 노니는
구름으로

나는 자연인이고 싶다
생활에 억매이지 않고
산과들 자유롭게 누비며 살아가는
자연인으로

나는 자연과 더불어
어우렁 더우렁 어화둥둥 한세상
자유롭게 이렇게 살고싶다

봄꽃만 아름다운가

피어난 여린 봄꽃
얼마나 아름답고 고운 숨결인가

봄의 문을 열고 피어난
봄꽃도 아름답고 예쁘지만
벌들이 춤추는 여름의 샛노란 호박꽃

밝은 달빛 정기받아 피어난
초가지붕 위의 하이얀 박꽃은 어떠하며

비바람 견디고 군락 이루어 흔드는 구절초와
향기풍기는 가을 국화
한들거리는 코스모스는 또 얼마나 예쁜가

추운겨울 흰눈 둘러쓰고
애간장 녹이는 붉은 동백꽃도
아름답고 예쁘기는 마찬가지 아닐련지

봄꽃도 아름답고 예쁘지만
사계절 피어나는 아름다운 꽃들도

진정 아름답고 예쁘지 아니한가

어디 봄꽃만
아름답고 예쁜 꽃이던가

나도 임금이다
- 대추

과일에도
임금 과일이 있다

알밤은 씨앗이 3개로 삼정승
배는 6개로 육조판서
감은 8개로 팔도 관찰사
씨앗이 하나인 대추는 과일중 임금 이라오

대추나무는 임금나무라
봄 늦게 아주 천천히 싹을 틔우며
위엄을 부리며 3번의 꽃을 피우고
그 꽃에서 대추가 열린다오

부드러운 꽃닢은 별 모양으로
각을 세워 위엄을 풍기며
기제사나 차례상에 제일 왼쪽에 자리하며
조율이시 계급별로 앉는다오

옛날 양반들

큰 대추 한 알로 한끼 식사요기를 때웠다지
잘 익은 대추한알 한입가득 베어 물고
씨앗을 멀리 허공으로 뱉어본다

임금님 왕대추
달콤함이 입안 한가득 향기 맴도네

* 조율이시 : 대추, 밤, 배, 감을 차례나 기제사시
제물 차리는 순서

외로운 망부석 1

오늘도 빈가슴 부여안고 먼 바다 바라보며
소리 없이 울고 섰는 망부석

슬픈 사연 아는지 모르는지
머리 위를 날으며 울부짖는 갈매기

먼 바다 하염없이 바라보며
남편을 기다리는 망부석 되었네

오늘도 갯바위 위에서
파도치는 먼 바다 하염없이 바라보며

홀로섰는
외로운 망부석

망부석 2

날은 저물어 가는데 기다려도 오시질 않네
속절없는 시간을 묶어두고 싶구나

고기가 없으면 다음에 또 잡으면 되지
이렇게 추운 바다에서 날밤을 새우실까

김밥과 음료수 삶은 계란까지
벼낭에 넣었는데 잡숫고는 계시는지

낡은 목선타고 명태잡이 나가신 우리 남편
오늘따라 거센 비바람에 걱정이 방정맞네

들리지 않는 울음 얼마나 울었을까
보이지 않는 눈물 얼마나 흘렸을까

오늘도 파도치는 먼 바다 바라보고
홀로섰는 외로운 망부석

새해 아침의 문 앞에

검은 밤을 찢고 새벽을 몰고오는
희망찬 계묘년癸卯年 새해

새벽에 내리는 찬이슬로 목 축이고
흰구름 이불 끌어안고

하늘에 웃고섰는 저 등굽은 새벽달
게으른 사람은 볼 수 없겠지

풀뿌리의 가냘픈 발가락
개울가로 물줄기 찾아
꼼지락 꼼지락 뻗어서 가는구나

새아침 여명이 밝기전에
보다 아름답고 재미있는
좋은 글 쓰기위해

앞산 계곡 뛰어내리는 폭포
우렁찬 고함 토하고

붉은 태양을 순산하는구나

부지런하고 발빠른 검은 토끼의
계묘년癸卯年 새해

오늘도 아침부터 컴퓨터 좌판기에
목을 매어본다

구름 그리고 달

천고天高의 하늘
높새의 흰 바람만 불어와도
지나가는 흰구름 뒤에 숨었다 나왔다
노니는 크다란 보름달

검은 구름가려 어두운 밤
폴짝폴짝 뛰노는 풀벌레들의
맛있는 밤길
훤하게 밝혀 도주네

더높은 가을하늘 흰구름 위에
높새바람 꽃가마타고
유유자적 노니며
가을 하늘을 흘러만 가네

살고픈 희망이

여명이 밝아오는 새벽 노랑진 수산시장
생선파는 아낙네의 저눈빛
살고파 몸부림치는 생선들의 눈빛은 살아있다

들리지 않는 생선들의
살고픈 울부짖음
희망 없는 몸부림 이어라

아낙네들의 분주한 손놀림에
살려고 몸부림치며
두 눈에 불을 켜는 저 생선들

넘치는 수족관의 바닷물마냥
다시는 돌아올 수 없는
팔려가는 저 귀한 생명

살고픈 희망이
물거품처럼 사라지는구나

여명이 밝아오는 새벽 노량진 시장
생선파는 아낙네의 저 눈빛

과유불급過猶不及

1.
햇살 눈부신 강가
유유자적 노닐던
욕심많은 한강의 늙은 붕어

옆에서 노니는 친구의 눈앞에서
살랑살랑 춤추는 듯 목 메인 지렁이

친구보다 더 빠르게 덥석 물고
꼬리 지느르미 세차게 흔들며
드디어 낚시꾼의 망태기속에
부엌 도마위 자리에 누운신세가 되었구나

2.
높은 벼슬에 잘나가던
건너 마을 하이칼라 대기업 김이사

어제는 돈뭉치 하나 얻어받아
기분이 하늘을 찌르더니

오늘은 국가에서 내려주는
은팔찌 하나 얻어차고

형무소 독방으로
직장을 옮겨가고

연세 많으신 고향의 K형의 아버님
자식위해 평생을 농사일 하시더니

허리병 얻어받고
병원신세 지는구나

과하면 적음만 못하다는 말
그것 참 정답이네

과유불급過猶不及 이로구나!

심신단련 劍道

목검이 쨍 빛난다
빛에 부딛치는 칼날처럼

"직부송서, 표두압정"
검도의 본국검법의 생소한 용어들
33자세를 외치며 목검으로 우회, 좌회를
돌면서 찌르고 내려치는수련
머리에서 쥐가 날 정도다

검도의 수련목적 올바른 자세를 위해
죽도나 목검으로 앞으로, 뒤로,
우로, 좌로, 우앞으로, 좌뒤로의
기본자세를 수차례 반복하기도 한다

머리에서 별이 빤짝빤짝 빛난다
머리치기, 손목치기, 허리치기를
단계별로 내려치는 연습도하며
빠른 머리치기는 폴짝 폴짝뛰면서
상대방의 머리를 내려치는 수련으로
힘들지만 재미있는 검법이다

머리에서 무릎까지 내려베는 조선세법은
신기하면서 놀랍기도하다

눈동자가 빛난다
나의 눈빛이 상대의 눈에서 더 빛난다

검도의 수련목적은
심신의 단련과 인격수양에 있으며
검을 사용하는 수련으로 처음부터 끝까지
안전을 강조하는 사범의 지도 따라
움직이는 수강생들의 눈동자도 빛이난다

시니어들도 즐거운 수련을 위하여
오늘도 검도복 짊어지고
힘차게 검도장으로 나아간다

내 가슴에 별이 빛난다
은평구 검도 파이팅!!

하늘과 땅 차이로구나
- 승차권

풍성한 중추절 설레는 마음으로
간만에 고향 성묘길 나선다

휴일이라 손님도 많아
좌석이 없어 입석표를 구매를 하였구나

서울에서 진주까지 무궁화열차
좌석과 입석요금 5,000원 차이

입석으로 7시간의 긴 여행
힘들고 지루하기가 그지 없네

좌석에 비스더미 거만하게 앉아
웃으며 이야기하는 저 자유롭고 뻔뻔함

커피 한잔 값 5,000원이
입석과 좌석의 차이라니

저렇게 큰줄 몰랐네
하늘과 땅 차이로구나

건강하고 맛있는 산행

산 오를땐 힘들지만
정상의 성취감으로 어느새 피곤함 잊는다

눈앞에 펼쳐진 정경
바위에 기댄 만고풍상 겪은 낙낙장송 한그루
한 폭의 산수화로세

눈덮힌 산 능선 걸을땐
하얀 설경의 아름다움에
나도 하얀 세상에 힘드는줄 모르고

하산 후 시원한 맥주한잔
산행 피로
바람처럼 날려 보낸다

3월에는 氣넘치는 좋은山 선정하여
산신령님께 우리들의 건강한
산행을 기원하는 시산제도 드린다

건강한 산행은 건강한 맛이여

우리들의 건강과 행복을 위해
오늘도 파이팅이여!!

아이젠의 힘

엊그제 내린 폭설 아직도 녹지않고
눈과 얼음 낙엽 속에 남아있어 미끄럽구나

2023년 신정 1월 첫 일요일
촉석루 산악회 회원들과 도봉산 오른다

도봉산의 우이령 고개입구
빙판길 미끄러워 슬금슬금 기어서 오르는데

순식간에 저벅저벅 추월하는
아이젠 부착한 저 산행인

커피 한잔 값 5,000원으로 구매한 아이젠이
저렇게 큰 힘이 될 줄 몰랐구나

겨울 산행시
우리들의 안전을 위하여

아이젠과 모자 등 겨울 등산장비
반드시 준비하여 안전 산행을 합시다

* 아이젠 : 등산화 밑에신는 겨울 등산장비

바람소리만 날리고

- 남한산성

남한산성 수어장대엔
공허한 바람소리만 날리고

나르는 산새들
꾸역꾸역 울음 토하네

오늘도 늘 푸른 솔
슬픈 사연 한가득 가슴에 안고
소리 없이 울고 있겠지

허기진 초승달 슬픈 사연 아는지
나무 가지 사이로 수어장대 바라보네

인조대왕 청나라에 항복한
한 많은 남한산성!!

서울시 송파구에 자리한
청나라 삼전도비
우리나라 극치의 상징물 되었구나

* 삼전도비三田渡碑 : 서울 송파구 석촌동에 있는 청나라 승전비(1963년 사적 101호)

유명산

이름도 없고 유명하지도 않았던 평범한 산
국토종주 산행인 중 진유명이란
여성의 이름으로 유명산이 되었다네

남쪽은 경사가 완만하고
그옛날 말들을 사육한 곳으로
마유산'이라 이름 붙여진 산

동쪽입구 깊고 수려한
크고작은 폭포에서 쏟아지는 물줄기
시원함 더해주는 '입구지'계곡

설악면 가일리를 출발하여
억새군락지 정상을 가로질러
입구지계곡으로 하산하는 아름다운 산

검단산의 바람

정상에는 가을 억새풀 군락을 이루고
백제시대 검단도사가 은거하던 검단산
경기도 하남시 동쪽 한강변에
가파르게 솟아 오르고

표고의 차가 급격하고 산세가 가파르나
동쪽자락에 팔당호가 가로눕고
서쪽 헬기장에서는 쉼터를 내어 주는구나
정상에서 바라보면 전망이 아름다운 검단산

북으로는 예봉산과 운길산이 자태를 뽑내고
동으로는 북한강과 남한강
두 물 머리에서 서로만나
얼싸안고 춤을 추네

지하철 개통으로
산행인들 자주 찾는 검단산
서울근교의 유명한 산 되었구나
어디에서 시원한 바람이 불어오네

* 검단산 : 경기도 하남시 소재 657m의 아름다운 산

마이산

두 귀 쫑긋 말의 두 귀 닮아
마이산이라 부르는 산

습곡운동을 받아 융기되고
벽암침식 작용으로 형성된 아름다운 산

세멘트를 버무린 산이라
많은 등산객 착각은 자유自由

좌측이 암 마이 봉으로
정상까지 걸어서 오를 수 있고

우측의 숫 마이봉은
암벽 등반으로만 오를 수 있고

마이산 남쪽 절벽아래
100여년전 이갑용 처사가 쌓아올린

80여개의 크고 작은 돌탑
마이산의 또 다른 자랑이구나

1979년 도립공원으로 지정되고
주차장에서 계단 휴게소를 지나

암 마이봉으로
오르는 아름다운 산행길이 열려있네

* 마이산 : 전북 진안군 소재 685m의 암마이봉과
678m의 숫마이봉으로 형성된 아름다운 바위산

칠갑산

산세는 부드럽고
아름다운 계곡에는
신비로운 비경이 숨어있고

백운계곡 천장계곡 강감찬 계곡의
울창한 수림속에 숨어
내려오는 맑은 계곡물

바위에 부서지며 물보라 튕기고
봄이면 진달래와 벚꽃이
장관을 이루는 칠갑산

아름다운 품에안긴 장곡사는
우리나라에서 유일하게 같은 사찰에
두개의 "大雄展"이 있는 사찰로 유명하구나

칠갑산 계곡의 장곡사
비구니들의
수도처 이구나

콩밭 매는 아낙네로 더욱 유명한
칠갑산 주변에
아낙네도 콩밭도 보이질 않는구나

* 칠갑산 : 충청남도 청양군에 위치한 561.0m의 아름답고 수려한 산

서울 월드컵 공원의 작은 호수

먹구름 뒤에 숨어 졸던 보름달
호수에 풍덩 목욕 재개하고

목마른 산새들 호수가에 둘러앉아
노란물빛 마시고 노래하며 노니네

식물들의 잔뿌리 말라서 죽어가기전
살금살금 긴팔로 호수에 닥아오면

온몸으로 쓸어안고
만병통치 영양제 물水 듬뿍 안겨주고

오가는 길손들의 애환의 목소리
호수가의 예쁜 꽃들의 아름다운 이야기 들려주고

산새들의 지저귐
풀벌레의 이야기는

듣고도 못 들은척
고요히 물결만 튕기고 노니는구나

잔주름 얼굴은 노란 달빛으로 펴 바르고
한강물의 이야기 속을 지나 서해로 가려하네

이름 모르는 산새들과
아름다운 예쁜 꽃 들 함께 어울려

오가는 이들과 마음으로 노니는
生命水 영양제의 보고寶庫

서울 월드컵공원 작은 호수

한강의 품

조용한 물결로 노래하며
앞서거니 뒷서거니

유유히 흐르는 한강
하늘의 먹구름을 안은채

갑자기 이박삼일 밤낮으로
쉬지 않고 쏟아지는 폭풍우

바위를 뛰어넘고
세상의 벽을 향해 부수고

그러나 품어 안는다
한때의 잘못을 넓은 아량의 품으로

큰바다로 나아가면
살아가기 더욱 힘들다며

사고친 아들 따뜻한
가슴으로 품에 안아 새사람 만들듯

자연에 순응하며 잘 살라며
말없이 안아주는 한강의 품이여!

오늘도 강가의 온갖 시름의 근심 쓰레기
한가슴 가득안고

쉬임없이 서해로 입수하는
서울 시민의 희망의 젖줄

늘푸른 한강 그대 아니신가

| 해설

지행합일 知行合一의 빛의 발길

- 이도상 시인의 시집 『한강의 달그림자』

한 화 덕

(시인 · 수필가 · 한여울문학대표)

이도상 시인의 제1집 『노송老松의 나이테』에 이어 제2집 『한강의 달그림자』를 상재하심을 축원 드리는 마음이다.

전체 3부로 1부는 시인이라는 그대(30편) 2부 구름나그네(30편), 3부 월송月松이라 불러다오 (23편)으로 총 88편이다. 1집에서는 주로 산으로 향한 마음으로 심신을 정진하였다면 2집에서는 새벽물길 따라 한강으로 나서는 물의 행적으로 시상詩想을 생각하며 시를 짓는 행보가 되었다.

1. 한강의 달그림자 만나기

새벽 달빛이 맞이하는 길 따라 집에서 30여분 걷다 보면 한강의 입구에서 물을 만나고 강변의 물길 위로 강 건너 높은 빌딩 숲의 사람들이 켜 놓은 불빛도 보인다. 월드컵 공원 스타디움을 돌고(900m) 3시간(3:30~6:30) 동안 2만보의 저력의 행진으로 걸으시면서 하루의 여정을 시작한다.

13세 유년기 시절에 학교 등굣길을 30리 길(24km)을 왕복으로 걷던 그 시절의 힘이라고 말한다 그래서 지금도 산수傘壽의 연세에 거뜬히 묵묵히 삶의 길을 걸어 나가신다. 이제 그 아련한 향수 속에 누군가 서 있을 것 같고 달과 대화 하고 있는 작품 속의 화자話者를 만나본다.

제1집에서는 생각이 머물지 않고 끊임없이 소생하는 생명의 원천력이 있는 물의 세계까지 나아가기를 소망하는 발원으로 해설을 드렸는데 그 길에 이어 제2집은 세상의 다리를 나아가 새벽빛의 길 따라 이제 물길을 만난다. 그곳은 이 시인님이 현실 속에 마음이 사는 세상이다 꿈의 다리를 만날 수 있고 내가 마음으로 그릴 수 있는 세계이며 그곳에서 나의 과거도 만날 수 있고 미래를 꿈으로 연결하여 예견할 수 있는 곳이기도 하다.

현재 나와 만나며 나를 키우고 나와 함께 또 다른 세상을 달빛과 함께 시의 세계를 그린다. 존재하는 길의 마음, 걸어가는 빛의 발자국 따라 내가 만든 세상의 다리에서 오늘도 걷는다.

그물에 걸리지 않는 바람처럼
봄 날개 달고 미끄럼 타고 오는 봄바람

꽃은 반쯤 필 때가 제일 예쁘다는데
부드럽게 스치는 봄바람에

울긋불긋 꽃망울 고사리 새순
햇빛 한 줌 움켜쥐고 옹알이를 하는구나

제비 한 마리 왔다고 봄이 온 것은 아닌데
아직도 찬바람 옷깃을 파고드는데

하늘이 눈물로 키운 야생화
달빛 이불 덮고 설핏잠 들었구나

-「아직도 봄은」 전문

미풍에 맑은 바람이 봄의 날개를 타고 온 바람의 존재이다(1연) 꽃이 햇살 한 줌 쥐고 옹알이하는 순수의 모습이며(3연) 찬바람이 일지만 봄 같은 청춘은 아직 남아있다고 볼 수 있는 역설적 관점이다(4연). 새벽이슬 머금은 달빛아래 고인 야생화의 눈물샘은 하늘의 사랑이라고 본다.

가기 싫어도 가야 하는 길
지금 가는 이 길이
운명의 길인 줄 알면서도 뚜벅뚜벅 걸어간다

세월이 가면 사람은 다리가 먼저 늙고
나무는 뿌리가 먼저 늙는 다는데
다리가 늙고 병들어도 아니 갈 수 없구나

오늘도 쉼 없이
힘없이 터벅터벅
산천을 두루 눈으로 먹으며 걷고 또 걷는다

참 그동안 많이도 왔는데
끝은 보이질 않고 쉬어가고 싶은데

앞서가는 무심한 세월이란 놈
어서 가자 독촉을 하는구나

아름다운 꽃 피고 지는 살기 좋은 세월을
사뿐히 밟고 넘어 미지의 세계로 나아간다

오늘 걷는 이 길이 돌아올 수 없는
진정 나의 운명의 길인 줄 알면서

-「운명의 길」 전문

운명은 시작에서 끝으로 가는 길이다. 시작은 끝으로

가고 있고 끝은 다시 시작을 알리는 결 좋은 씨앗을 하나품고 길 위에 세월을 만난다. 빛은 모두 서산으로 이울고 빛 따라 남은 인생길도 해의 발걸음 따라 기운다. 어느새 살아온 날, 살아갈 날, 남은 길이 운명의 길인 줄 알면서도 길에 대한 화자話者의 정서는 세상을 눈으로 먹으며 해를 만나고 빛의 발자국 따라 시간을 만나 계절지나 피고 지는 세월의 문으로 넘어간다. 길의 순응성으로 정녕 이 길이 돌아올 수 없는 길인 줄 알면서도 참 애잔한 시인데 시인은 담담하게 그려 내었다. 깊은 연륜이 세월 따라 묻어난 시이다.

흔들리지 않고 피는 꽃이 어디에 있던가
살며시 불어오는 하늬바람에
꽃망울 흔들고 내리는 꽃비
소리 없이 조용히 나풀대며 떨어지네

나뭇잎은 떨어져도
나무는 죽지 않고 그대로 웃고 섰고
오늘이 지나면 희망찬 내일이 온다기에
일찍 자고 깨어보니 오늘이란 놈 그대로 앉아있네
-「망상」에서

흔들리지 않고 피는 꽃이 어디에 있던가. 나뭇잎은 떨어져도 웃고 섰고 자고나 깨어보니 오늘이라는 놈 그대로 앉아있다. 초연한 강한 의지력으로 삶의 선봉대의 역

할로 자리하며 구름과 벗을 삼는다.

저 멀리 동구 밖 솟대 위에
앉은 외눈박이 새
말없이 웃으며 손짓하네

설자리 없어지는 황금들판의 밀짚모자 눌러쓴
외롭고 배고픈 외다리 허수아비
내일은 너와 나 둘 뿐이겠구나

내년 가을에도 황금 들판에서
또다시 만날 수 있을는지

내일은 내 어깨 위에 머물러
마을 이야기나 들려주려무나

-「허수아비와 솟대」에서

솟대는 마을이나 동네 어귀에서 민속신앙으로 땅의 기원과 안녕을 위해 하늘에게 메시지를 전해주는 희망의 메신저 역할이다. 오늘은 할 일 없어 외눈박이 새 외다리 허수아비와 마주하는 모두 아쉽고 부족한 들녘 상징물이다. 서로 견원지간犬猿之間이 아니라 위로하고 치유해야 할 대상자다. 그러면서 서로 힘이 되어 어우러지며 다독이는 동화 속에 어른들의 삶의 이야기가 묻어있다.

하루 종일 쉬지 않고
힘들게 달려온 저 붉은 태양

이제는 늙은 산허리 베고 누워
청춘가를 부르는구나

저 건너 낡은 초가 검은 굴뚝에
흰머리 몽기몽기 피어오르고

들일 나갔던 농부님들
리어카 끌고 밀고 하나 둘 자기 집 찾아들 때

붉게 물든 아름다운 저녁노을
울면서 밀고 가는 기러기 한쌍

-「아름다운 저녁노을」 전문

저녁노을이 왜 아름다운가. 빛 따라 쉼 없이 달려온 빛의 발길이기에 서산마루 쉬어가는 우리 인생길처럼 쉬지 않고 달려온 빛의 에너지 육신의 에너지! 이제는 마음을 누이고 청춘가를 부른다. 아마 우리에게 태양빛을 준 신화 속 아폴로신도 제우스 몰래 인간에게 불씨를 얻어준 프로메테우스도 빛의 소임을 다한 저 태양에게 쉼이란 노을빛의 정거장을 내어줄 것이다. 바로 황홀을 맛보게 하는 빛의 움직임의 여울성 그림 그리듯 하늘에 펼쳐놓은 노을의 방대함, 붉게 물던 아름다움이 저녁노을이 아니겠는가!.

육신은 사위어 가면서도
솔바람에 흔들흔들 춤사위
가슴은 아직도 청춘이구나

살랑살랑 불어오는 솔바람
너무나 반가워 꽁지 빠지게
큰 꼬리 흔들며 노닐고 있구나

오늘도 솔바람 한아름 안고

하염없이 큰 꼬리 흔드는
외로운 강아지 풀

-「강아지 풀」에서

마지막 바람의 춤을 추는 인생의 길, 아직도 인생은 바람에 익어가는 것이라는 당위성, 저렇게 열심히 청춘가를 부르는 풀에게서 사는 모습을 다시 오늘 일깨운다.

오늘도 어제처럼 세월은 흐르는데
늙어가는 이 길이 처음 가는 길이기에

때리지 않아도 고여오는 눈물
마음으로 삭이는 탄식이겠지

허기진 낮달 나뭇가지에 걸려
몸부림을 치는구나

늙어가는 인생길
차라리 나뭇가지에라도
걸렸으면 쉬어나 가련만

아름다운 꽃들은 해마다 피고 지고
먹구름 사이로 비치는 석양
저렇게 아름다운데

다시는 돌아올 수 없는
하루라는 이 다리를
또다시 건너가는구나

-「돌아올 수 없는 다리」에서

오늘도 돌아올 수 없는 다리에 서서 삶을 애탄하고 석양노을에 경탄하면서 하루의 다리를 건넌다. 길을 가다 세월을 만나지 못했지만 나이는 만난다는 시인의 말처럼 길은 인생이 만나야 할 순리의 다리요 피할 수 없는 역경의 다리이다. 아무도 이 길을 거부할 수 없는 진리인데 달은 나뭇가지에 걸려 쉬어갈 수 있어 좋고, 석양빛은 영원한 생명이라. 아름다운 노을 속에 꿈을 꾼다. 하루라는 다리에 서서 마음의 서글픔을 먹구름 사이에 비치는 석양 물에 젖는다.

2. 물의 시원始原, 물의 세상

하늘물길 태백의 능선 따라 흐르고
계곡의 석회암 빗물에 흘러

암반 위를 용이 기어가듯 흐르는 금룡소
한강의 발원지 되었구나

숲길 오솔길 따라 야생화 피고 지고
강원 정선의 아우라지 한 바퀴 돌아

정선 아리랑 흥겨운 가락에
덩실덩실 춤추며 흘러 흘러

경기도 남양주 두물머리
남한강과 북한강 한데 어울려

푸른 물 넘실대는 서울시민의 젖줄
한강물 되었구나

-「한강의 발원지」에서

하루의 시원을 강에서 여는 물의 시원 한강이다. 태백에서 하늘 물길을 만나고 강원도 정선의 아우라지 돌아 푸른 물의 한강을 만난다. 흐르는 물속에 사람들의 이야기, 사랑과 추억을 만나고 영혼을 달래고 새벽 물안개 자욱이 피어오른다.

해수탕에 목욕재계하고
철석철석 파도 되어 선창을 두드리며
고향 떠난 힘든 여정 울음으로 토해보네

창공의 갈매기도
슬픈 사연 아는지
끼룩끼룩 울음으로 화답하고

천삼백리의 기나긴 낙동강의 발원지
강원도 태백의 조그마한 황지연못!
오늘도 졸졸졸

-「낙동강 천삼백리 발원지 - 황지연못」에서

흐른다는 것은 사람들이 살아가는 이치이다. 고이지 않기 위해 썩지 않기 위해 흐르는 강원도 태백시 황지연못 작은 소沼에서 쏟아진 물이 낙동강을 이루고 부산 앞바다 지나 태평양으로 흘러 영원한 시간을 만난다.

물의 세상에서 물의 언어를 만나고, 세상과 대화하는 물의 이야기 그 생명 속에 슬픔과 기쁨의 조우, 물이 말한다. 물이 웃는다. 물이 슬퍼한다. 물이 춤춘다라고 하는 물의 세상 이야기다.

비가 오나 눈이 오나
조상님의 선산도 지켜주며
청순하고 온화한 성품으로

짙은 솔향기 풍기는 그대

한 폭의 수채화 같은
달품은 늘 푸른 소나무 月松
아름답기 그지없네

산수傘壽 지난 인생 후반기에
너를 만난 것이
나의 운명이기에

이제부터
그대는 나의 동반자

나를 月松이라 불러주오

남은 한평생을
그대와 함께 어우렁 더우렁
즐겁게 살아가고 싶구나

오늘도 천년의 푸른 청송
영원불변의 밝은 달 가슴에 안고
불어오는 바람결에 청춘가를 부르는구나

– 「달을 품은 월송月松」에서

푸른 솔향기 지니는 변함없는 소나무의 품성은 그윽한 밝은 달을 가슴에 품은 나무이다. 인생의 산수傘壽로 후

반에 만나 너를 만난 것이 운명이라 여기고 마음 곁의 동반자가 되었기에 월송月松이 되었다. 달은 하늘 공간 속에 영원히 머물지 않고 다른 생명을 키우는 내면의 열정으로 자애로움이 있다. 높이 떠서 비추는 염원과 소망의 대상이며 벗이며 님의 공간이기도 하다. 또한 공상세계 주역이 되기도 하며 어둠에서 빛을 발현하는 서정적 역동성의 주인공이다. 월송月松 이도상 시인의 정서와 어우러지는 영원한 청춘의 주역이다. 그리하여 한강물에 잠긴 달을 보고 가슴 잠기기도하고 물속에서 달을 건지려는 당나라 시선詩仙 이백(태백 太白)의 시인도 되어보고! 물속에 달을 건져 하늘에 올려놓는 등가성等價性의 마음으로 푸른 청송과 불변의 밝은 달을 가슴에 품어 청춘가를 부르는 월송月松 시인의 노래이다.

불지 않으면 바람이 아니고
늙지 않으면 사람이 아니다

허리 굽어 쓸모없는 저 소나무
향기 풍기며 선산 지키며 섰구나

사랑은 혼자 할 수 없다며
긴 목 빼고 고운님 기다리는 금계국

높다고 다 명산은 아니요
나이 많다고 다 어른은 아니로다

살아보니 산다는 것
별거 아니드라

둥글둥글 살다 보니
언제 여기까지 굴러서 왔는지

어제가 오늘 같고
오늘이 어제 같구나

-「어제가 오늘 같다」 전문

산다는 것이 무엇인가? 다시 한 번 생각하게 하는 시이다. 지극히 평범한데 쉽지만 누구나 어려움이 있다. 어려움 속에 지혜롭게 열어가는 길을 스스로 얻어내야 한다. 밝은 교훈과 진리가 담긴 노장의 바람과 사람, 소나무, 명산, 어른, 어제, 오늘이라는 명제를 생각의 유형으로 읊조리듯 하시니 고요한 묵상으로 생각나게 한다.

백발의 하얀 갈대와 억새
서산보고 허리 숙여 인사하네

어우렁 더우렁
춤추며 정답게 살았구나

사계절 아름다운 꽃들도
피고 지는 서울의 하늘공원

불어오는 가을바람
공원 전체가 은물결로 출렁이고

하얀 갈대밭 전체가
군무를 하는구나

파도물결 땅으로 가로 누어
하얀 지진이 일어나네

-「하얀 지진이 일어나네」에서

하늘 공원에서 자생하는 갈대의 어울림이다. 갈대는 우리에게 소리와 움직임, 색으로 우리에게 감성을 깨운다. 갈대의 서걱거림, 하얀 군무, 바람의 파도 물살 위에 하얀빛의 여진이 흐르고 강한 파도 물살 같은 기류는 마치 지진일 듯 느끼게 한다. 바람이 머물다 가는 것, 빛살의 반짝임, 빛의 여과성으로 비추이는 것, 갈대가 바람에 흩날려 산화하고 다시 지상으로 내려와 갈대꽃이 되고 가을의 기다림의 꽃이 된다. 바람에 흩날리며 아련한 하얀 빛의 색채리듬으로 생각하게 하는 갈대이다.

봄이 되면
아름다운 꽃은 피고 지고
옹심이 같은 예쁜 열매 맺혀
조금씩 익어 가는 것이
세월이 아니드냐

인생사는 것 별거 아니더라
어제를 무사히 넘기고
밝은 내일을 기대하며

열심히 뛰다 보면
묵은 것 밀어내고
또다시 쨍하고 해가 뜨는
새로운 하루가 반복되더라

세월
지나 보니 별거 아니더라
시간이고 세월이더라

-「세월」에서

삶의 반추 속에 세월을 꽃으로 피어낸 인고의 시간 「세월」시이다. 세월 따라 변모하는 모습 얼굴에 책임진 얼굴, 온화하고 원만한 성품으로 지행합일知行合一의 삶이 아닌가 싶다. 봄으로 시작된 사계四季를 지나 인생과 함께 유유자적 깊이감 속에 눈으로 담아 마음으로 그려낸 「세월」의 묘사시이다. 경륜이 묻어난 자연 속에 그래도 살아갈만한 시간 지나고 보니 그것이 세월이었다.

목검이 쨍 빛난다
빛에 부딪치는 칼날처럼

"직부송서, 표두압정"
검도의 본국검법의 생소한 용어들
33 자세를 외치며 목검으로 우회, 좌회를
돌면서 찌르고 내려치는 수련
머리에서 쥐가 날 정도다

머리에서 별이 빤짝빤짝 빛난다

눈동자가 빛난다
나의 눈빛이 상대의 눈에서 더 빛난다

시니어들도 즐거운 수련을 위하여
오늘도 검도복 짊어지고
힘차게 검도장으로 나아간다

내 가슴에 별이 빛난다

-「심신단련 검도劍道」에서

월송月松 이도상 선생님은 삶의 여정의 길을 보면 인생 1막은 35년간 농림수산부에 재직 시 주요 실과 국을 두루 거치며 정년퇴직을 하였다. 퇴직 후 농림수산부 산하 사단법인 식생활 개선 국민운동본부에서 6여 년을 근무하고 공직을 완전히 퇴임하였다.

제2막은 20년간 고향의 '진주촉석루산악인' 회장으로 동문과 고향의 회포로 건강과 함께 산을 오른다. 성취감과 만족도로 통쾌한 정복감마저 느끼는 재미와 함께 인내로 지금까지 산행한다. 인생 제3막은 글의 수련과 함께 문인의 길을 쉼 없이 연마하고 가고 있다. 인생 제4막의 이 시인은 말년에는 '검도'를 연마하시고 죽도로 시작하여 목검으로 이제는 가금의 연마를 목전에 두고 있다. 진금(眞) 수련의 길도 이어갈 수 있는 과정이다. 검도는 건강과 수양에 좋고 자세교정과 가금(칼)을 다루니 무도의 예절이라 하겠다. 사람은 타고난 권능을 부여받은 자도 있지만 갈고닦고 연마하여 수련의 길을 간다고 생각한다. 이도상 선생님의 예술의 무예도 삶의 경지로 풍유 속에 철학이 함께 녹아있다.

먹구름 뒤에 숨어 졸던 보름달
호수에 풍덩 목욕 재계하고

목마른 산새들 호숫가에 둘러앉아
노란 물빛 마시고 노래하며 노니네

식물들의 잔뿌리 말라서 죽어가기 전
살금살금 긴팔로 호수에 다가오면

온몸으로 쓸어안고
만병통치 영양제 물水 듬뿍 안겨주고

오가는 길손들의 애환의 목소리

호수가의 예쁜 꽃들의 아름다운 이야기 들려주고

산새들의 지저귐
풀벌레의 이야기는

듣고도 못 들은 척
고요히 물결만 튕기고 노니는구나

잔주름 얼굴은 노란 달빛으로 펴 바르고
한강물의 이야기 속을 지나 서해로 가려하네
-「서울 월드컵 공원의 작은 호수」에서

노란 달빛물이 있는 아름다운 사람들의 물이야기 시인의 가슴속에 물이 지닌 영향과 작용은 어떠한가? 어떤 의미일까? 사물이 가슴에 와닿는 순간 문이 열리고 사물과 내가 하나 된다.

강물 속에 달빛이 노닐고 달의 매력에 빠진다. 빛의 찬란함을 구하고 빛을 나누는 시간, 달의 신화도 달의 여신 항아도 만나고 계수나무 토끼 떡방아 찧는 소리도 빛의 여음으로 듣는다. 『한강의 달그림자』는 님, 연인, 그대가 있는 삶의 애환, 시간여행을 통한 또 다른 나를 물길 속에 만나고 모든 것이 익어가는 인생의 물빛이다.

조용한 물결로 노래하며
앞서거니 뒤서거니

유유히 흐르는 한강
하늘의 먹구름을 안은채

갑자기 이박삼일 밤낮으로
쉬지 않고 쏟아지는 폭풍우

바위를 뛰어넘고
세상의 벽을 향해 부수고

그러나 품어 안는다
한때의 잘못을 넓은 아량의 품으로

큰 바다로 나아가면
살아가기 더욱 힘들다며

사고 친 아들 따뜻한
가슴으로 품에 안아 새사람 만들듯

자연에 순응하며 잘 살라며
말없이 안아주는 한강의 품이여!

늘 푸른 한강 그대 아니신가

- 「한강의 품」에서

이도상 시인의 한강은 부드럽고 온유한 그리고 역동성 있는 품의 강이다. 세상의 벽을 향해 부수는 열정이 내

재되었지만 시간과 세월 속에 넓은 아량의 바다의 품으로 나아간다. 자연에 순응하며 달빛에 정기를 얻고 빛의 에너지 속에 무예를 다지는 수련의 길을 걷는 자이다. 또한 내면에 내재된 글의 표현과 문필력으로 결실 후 땅으로 돌아가는 길 위에 빛으로 뿌리는 소리 없는 내공의 무예로 3박자 지(智), 덕(德), 체(體)를 고루 갖춘 문인이다.

그의 열정과 부단한 노력이 『한강의 달그림자』 빛의 에너지로 늘 푸른 청춘가를 부른다.

한강의 달그림자

이도상 시집

2024년 1월 5일 인쇄
2024년 1월 5일 발행

지은이 이 도 상
펴낸이 신 용 호
펴낸곳 창조문학사

서울 서대문구 홍은동 397-26 동천아카데미 5층
등록번호 제1-263호
전화 374-9011, Fax 374-5217
공급처 한국출판협동조합 전화 716-5616~9

값 12,000원
ISBN 978-89-7734-802-8